DIE BERLINER MAUER 1961-1989
Fotografien aus den Beständen des Landesarchivs Berlin

DIE BERLINER MAUER 1961-1989

Fotografien aus den Beständen des Landesarchivs Berlin
Ausgewählt und erläutert von Volker Viergutz

BERLIN STORY VERLAG

Impressum

Landesarchiv Berlin (Hg.):
Die Berliner Mauer 1961-1989
3. Auflage der Neuauflage – Berlin: Berlin Story Verlag 2012
DVD: Die Berliner Mauer 1961-1989, Original Filmdokumente mit Kommentar
(Deutsch und Englisch). 50 Minuten Spielzeit (FSK 0)
ISBN 978-3-86368-039-8

© Berlin Story Verlag
Alles über Berlin GmbH
Unter den Linden 40, 10117 Berlin
Tel.: (030) 20 91 17 80
Fax: (030) 69 20 40 059
www.BerlinStory-Verlag.de, E-Mail: Service@AllesueberBerlin.com
Umschlag und Satz: Tanja Tilse

WWW.BERLINSTORY-VERLAG.DE

Einführung	6 -	9
Brandenburger Tor	10 -	15
Potsdamer Platz	16 -	23
Trennung von Familien und Freundschaften	24 -	29
Zwangsräumung von Grenzhäusern	30 -	35
Fluchtaktionen	36 -	41
Mahnmale für Maueropfer	42 -	47
Die Grenze bei Reinickendorf	48 -	55
Die Mauer zwischen Mitte und Wedding	56 -	63
Die Mauer zwischen Mitte und Kreuzberg	64 -	77
Die Mauer zwischen Treptow und Neukölln	78 -	85
Propagandagefechte von Ost und West	86 -	95
Grenzübergangsstellen	96 -	103
Die Grenze West-Berlins zum Brandenburger Umland	104 -	113
Mauer-Graffitti und -Kunst	114 -	117
Maueröffnung und -abriss	118 -	123

Einführung

Am 13. August 1961 teilte die DDR mit einer rund 155 Kilometer langen Sperranlage Berlin in zwei Stadthälften und isolierte die drei Westsektoren vom benachbarten Brandenburger Umland, um den in den Vorjahren und vor allem Vormonaten stark angestiegenen Flüchtlingsstrom aus Ost-Berlin und der DDR zu stoppen. Das Landesarchiv Berlin und der Berlin Story Verlag möchten mit diesem Fotoband an einen besonders dramatischen Zeitabschnitt in der Geschichte Berlins und an eines der scheußlichsten Bauwerke erinnern, das immerhin rund 28 Jahre – von 1961 bis 1989 – die geteilte Stadt prägte.

Am 26. Mai 1952 sperrte die DDR – als Reaktion auf die Unterzeichnung des Deutschland-Vertrages, mit dem der Bundesrepublik von den westlichen Alliierten mehr Souveränität eingeräumt wurde – die Demarkationslinie zur Bundesrepublik und die Grenze zwischen West-Berlin und der DDR. Die bis dahin offene „grüne Grenze" wurde nun durch Stacheldraht und Sperrzonen abgeriegelt. Auch Berlin war von diesen Maßnahmen betroffen. Von den insgesamt 178 Straßen, die noch bis Ende Mai 1952 von West-Berlin nach Ost-Berlin und in die DDR führten, wurden in den Folgetagen von den DDR-Behörden allein weitere

63 Straßen gesperrt, die drei Westsektoren vom Umland weitgehend abgeriegelt, und beim Überschreiten der innerstädtischen Sektorengrenze musste mit Kontrollen gerechnet werden. Aber dennoch blieb die Viermächtestadt Berlin das letzte Schlupfloch, durch das eine Flucht nach West-Berlin mit der S-Bahn oder über die noch offenen Straßenübergänge zwischen dem Ostsektor und den drei Westsektoren bis 1961 relativ gefahrlos möglich war.

Sowohl der gescheiterte Volksaufstand vom 17. Juni 1953, die Zwangskollektivierung der Landwirtschaft und des Handwerks, die katastrophale wirtschaftliche Lage als auch die Drangsalierungen der Bevölkerung durch die SED und den Staatssicherheitsdienst ließen die Flüchtlingsströme aus der DDR von Jahr zu Jahr immer weiter ansteigen. 1959 verließen 145.000 Bewohner die DDR und Ost-Berlin, rund 91.000 von ihnen kamen über West-Berlin, 1960 waren es knapp 200.000 Flüchtlinge, davon allein rund 150.000 über West-Berlin.

Der Lageverschärfung durch die Währungsreform, die Berlin-Blockade der Sowjets und die Luftbrücke der westlichen Alliierten für West-Berlin 1948/49 sowie durch die Ereignisse um den 17. Juni 1953 folgte im Herbst 1958 eine weitere Berlin-Krise durch das Chruschtschow-Ultimatum, das

auf die Umwandlung West-Berlins in eine „selbstständige politische Einheit" abzielte. In scharfen Erklärungen wiesen die westlichen Alliierten in getrennten Noten damals die beabsichtigte Aufkündigung des Abkommens aller vier Siegermächte über Berlin durch die sowjetische Seite zurück, die daraufhin ihre Forderungen in dieser ultimativen Form fallen ließen, aber mit dem Abschluss eines separaten Friedensvertrages mit der DDR drohten. Die DDR-Staats- und Parteiführung mit Walter Ulbricht an der Spitze hoffte in diesem Zusammenhang, die noch offene Grenze zu West-Berlin endlich schließen zu können, denn durch die immer weiter ansteigenden Flüchtlingswellen wurde die wirtschaftliche Lage in der DDR von Monat zu Monat immer problematischer.

Als am 15. Juni 1961 Walter Ulbricht auf einer Pressekonferenz im Haus der Ministerien an der Leipziger Straße auf eine Frage der Korrespondentin der „Frankfurter Rundschau" die verräterische Antwort gab: „Niemand hat die Absicht, eine Mauer zu errichten!", war der SED-Chef schon längst entschlossen, die Grenze zu West-Berlin – eben durch eine Mauer – abzuriegeln. Auf dem Höhepunkt der Flüchtlingswelle – bis zum Mauerbau im Sommer 1961 hatten bereits im ersten Halbjahr 155.000 Personen die DDR und Ost-Berlin verlassen – begannen in den Nachtstunden zum Sonntag, dem 13. August 1961, bewaffnete Einheiten der DDR-Grenzpolizei und Angehörige der Betriebskampfgruppen – paramilitärische Einheiten der volkseigenen Betriebe und Einrichtungen – die Sektorengrenzen zu West-Berlin mit Stacheldraht-Barrieren abzuriegeln.

In den ersten zwölf Monaten lag die Kontrolle und Überwachung der Grenze zu West-Berlin in der Zuständigkeit der direkt dem DDR-Innenminister unterstellten 1. und 2. Grenzbrigaden der Bereitschaftspolizei. Die 1. Brigade unter Kommandeur Oberst Gerhard Tschitschke war für den innerstädtischen Grenzabschnitt zwischen Ost- und West-Berlin verantwortlich, die 2. Grenzbrigade unter Oberst Edwin Maseberg für den Grenzabschnitt zwischen West-Berlin und der DDR. Ab Ende August 1962 wurden auch die beiden Berliner Einheiten der Grenzpolizei, wie schon die anderen Grenzbrigaden an der innerdeutschen Grenze bereits am 15. September 1961, dem Ministerium für Nationale Verteidigung unterstellt. Bis zum Mauerbau hatten rund 53.000 Grenzgänger aus Ost-Berlin und dem DDR Umland in West-Berlin gearbeitet, über Nacht hatten sie plötzlich ihren Arbeitsplatz verloren. Ähnlich erging es ca. 13.000 West-Berlinern, die in Ost-Berlin ihrer Arbeit nachgingen; auch

für sie kam mehrheitlich nach dem Mauerbau bald danach das berufliche Aus. Mit der Schließung der Sektorengrenze wurden zudem der durchgehende Verkehr von S- und U-Bahn zwischen beiden Stadthälften eingestellt. Von den 81 noch verbliebenen innerstädtischen Verbindungsstraßen zwischen dem Ost-Sektor und den West-Sektoren wurden 67 durchgehende Straßenzüge am 13. August 1961 gesperrt, in den restlichen Straßen sollten Grenzübergänge eingerichtet werden. Bis zum Spätnachmittag des 14. August 1961 gelang noch 6900 Personen aus Ost-Berlin und der DDR die Flucht über die erst relativ provisorisch abgesperrte Grenze nach West-Berlin.

Zunächst als Zaun und Stacheldrahtsperren errichtet, wurden die Sperranlagen in den Folgemonaten und -jahren immer weiter ausgebaut und zu einem massiven Sperrsystem mit einer rund vier Meter hohen Betonplattenwand – in der Literatur als „Mauer der vierten Generation" bezeichnet –, Beleuchtungsanlagen, einem 40 Meter breiten Todesstreifen – in der Terminologie der DDR-Grenztruppen Handlungs- bzw. Kontrollstreifen genannt –, einer zweiten Hinterlandmauer auf Ost-Berliner bzw. Brandenburger Territorium, Beobachtungstürmen, Kontaktzäunen, Hundelaufanlagen und Schützenstellungen entwickelt.

Das Grenzgebiet unterlag besonderen rechtlichen Bestimmungen und durfte von Ost-Berlinern, auch von den im Sperrgebiet wohnenden Anwohnern, nur mit besonderen Genehmigungen im Personalausweis bzw. mit Passierscheinen betreten werden. Die Sperranlagen, die sich in den letzten Jahren ihres Bestehens meist über eine Breite von fast 100 Metern erstreckten, waren nach dem 23. August 1961 lediglich durch sieben innerstädtische Grenzübergangsstellen unterbrochen, die anfänglich fast nur in einer Richtung – von West nach Ost – von Westdeutschen sowie von West-Berlinern im Rahmen der wenigen Passierscheinregelungen benutzt werden konnten. In umgekehrter Richtung – von Ost nach West – war dies ab 1964 für viele Jahre nur DDR-Rentnern einmal jährlich vorbehalten.

Trotz Mauer und Stacheldraht an der Berliner Sektorengrenze und der innerdeutschen Grenze gelang von 1961 bis 1989 rund 475.000 Menschen die Flucht in den Westen. Im gleichen Zeitraum starben nach neuesten offiziellen Angaben allein an der Berliner Mauer mehr als 125 Menschen, unter ihnen auch der am 11. Mai 1975 am Gröbenufer ertrunkene fünfjährige türkische Junge Cetin Mert, weil West-Berliner Polizisten von den DDR-Grenztruppen an der Rettung des in die Spree gefallenen

Kindes gehindert wurden. Eines der letzten Opfer war der 20-jährige Chris Gueffroy, der in der Nacht zum 6. Februar 1989 bei einem Fluchtversuch an der Grenze zwischen Treptow und Neukölln von DDR-Grenzposten erschossen wurde.

Ab 1971/72 kam es zu ersten Erleichterungen und Verbesserungen in den Beziehungen zwischen beiden deutschen Staaten und damit auch zwischen West-Berlin und der DDR. Parallel zu den Viermächteverhandlungen fanden ebenfalls auf innerdeutscher Ebene Gespräche statt, die zum Abschluss des Transitabkommens, des Verkehrs- und des Grundlagenvertrages zwischen der Bundesrepublik Deutschland und der DDR führten. Der Besucherverkehr in West-Ost-Richtung vervielfachte sich durch ein vereinfachtes Antragsverfahren. Durch Gebietsaustausch mit der DDR wurde ein Zugang zur Exklave Steinstücken ermöglicht. Erstmals seit 1952 konnte wieder zwischen West- und Ost-Berlin telefoniert werden. Im Gefolge der Vereinbarungen errichteten beide deutschen Staaten im jeweils anderen Land „Ständige Vertretungen". Unter dem Einfluss der Perestroika-Politik des sowjetischen Generalsekretärs Michail S. Gorbatschow verschärften sich in den achtziger Jahren die innenpolitischen Probleme in der DDR und es entwickelte sich zugleich eine wachsende Oppositionsbe-

wegung. Ab August 1989 besetzten zahlreiche DDR-Bürger die bundesrepublikanischen Botschaften in Warschau und Prag sowie die Ständige Vertretung in Ost-Berlin. Die ungarische Regierung machte den „Eisernen Vorhang" zwischen Ungarn und Österreich durchlässig, in der DDR selbst kam es fast gleichzeitig zur friedlich verlaufenden Revolution. Diese Entwicklungen führten am 9. November 1989 zur Öffnung der Berliner Mauer. In den folgenden Monaten wurde sie bedauerlicherweise fast vollständig abgerissen, so dass heute im innerstädtischen Bereich an keiner Stelle mehr ein längerer Original-Abschnitt dieser menschenverachtenden Sperranlagen als Gedenk- und Erinnerungsort existiert. Schon Altbundeskanzler Willy Brandt hatte in seiner kurzen Rede am Abend des 10. November 1989 angeregt, „ein Stück von jenem scheußlichen Bauwerk … als Erinnerung an ein historisches Monstrum stehen" zu lassen. Aber lediglich an sechs Stellen blieben kurze Mauerreste erhalten, wie beispielsweise im Bereich der Gedenkstätte an der Bernauer Straße, die aber die Schrecken des DDR-Grenzregimes und die Ursachen zu ihrer Errichtung nur ungenügend vermitteln.

Brandenburger Tor

Mit dem Mauerbau am 13. August 1961 folgte ein weiteres Datum in der Reihe historischer Tage deutscher Geschichte, an denen das Brandenburger Tor im Brennpunkt des Geschehens stand. Noch für einen Tag behielt der klassizistische Bau die Funktion eines Stadttores – es sollte einer der vorgesehenen Grenzübergänge werden – ehe er am 14. August für viele Jahre ein unzugängliches Bauwerk im Niemandsland zwischen Ost und West wurde. Weil die DDR-Staats- und Parteiführung nach den spontanen Protesten von hunderten West-Berlinern vor diesem symbolträchtigen Bau weitere unkontrollierbare „Provokationen" befürchtete, ließ sie das Brandenburger Tor bereits einen Tag später von der Liste der geplanten Grenzkontrollpunkte zwischen Ost- und West-Berlin streichen.

Dieselben West-Berliner Unmutsbekundungen veranlassten auch die britische Schutzmacht, an deren Besatzungssektor das Brandenburger Tor grenzte, einige Tage nach dem 13. August vor der Grenzlinie am Platz vor dem Brandenburger Tor – heute Platz des 18. März – Stacheldrahtbarrieren zu errichten, um unüberlegte Protestaktionen der West-Berliner Bevölkerung zu verhindern.

In der Nacht vom 12. auf den 13. August gingen morgens um 1.05 Uhr am Brandenburger Tor plötzlich die Lichter aus. In der Dunkelheit zogen Mannschaften der DDR-Grenzpolizei und der Betriebskampfgruppen auf und riegelten die bis dahin nach beiden Seiten offene Durchfahrtsstraße und das umgebende Gelände ab. Auf West-Berliner Seite glaubte man für einen kurzen Moment, dass die DDR in West-Berlin einmarschieren würde, die beobachtenden West-Berliner Polizisten stellten aber nach kurzer Zeit fest, dass die militärischen Einheiten der DDR genau an der Sektorengrenze Halt machten.

In den Folgejahren wurde das Brandenburger Tor endgültig zum Symbol der geteilten Stadt. Beide Seiten benutzten den Ort, um Senats- bzw. Staatsgästen und anderen ausländischen Delegationen von eigens dafür errichteten Aussichtsplattformen einen Blick über die Mauer in die jeweils andere Stadthälfte und damit auf das feindliche Gesellschaftssystem zu präsentieren. Unvergessen bleiben allerdings die Worte des amerikanischen Präsidenten Ronald Reagan am 12. Juni 1987 vor dem Brandenburger Tor, die er an den sowjetischen Staats- und Parteichef richtete: „Mister Gorbatschow, tear down this wall! – Herr Gorbatschow, reißen Sie diese Mauer ein!" Niemand hätte es damals für möglich gehalten, dass bereits zweieinhalb Jahre später die Mauer fallen würde.

Betriebskampfgruppen und Schützenpanzer der Deutschen Grenzpolizei in den Abendstunden des 13. August am Brandenburger Tor – 13. August 1961, 22.00 Uhr.

Die ersten provisorischen Sperranlagen an der Ebertstraße am Tag nach der Schließung der Grenze – 13. August 1961, 12.00 Uhr.

Schützenpanzerwagen der Deutschen Grenzpolizei auf dem Platz vor dem Brandenburger Tor – 14. August 1961.

Errichtung der Mauer der „zweiten Generation" am Brandenburger Tor – 20. November 1961.

Errichtung einer festen Sperrmauer der „zweiten Generation" vor dem Brandenburger Tor, im Vordergrund Sichtblenden gegenüber West-Berlin zur Abschirmung der Bauarbeiten – 20. November 1961.

Von den britischen Alliierten errichtete Stacheldrahtbarrieren und West-Berliner Polizisten am Brandenburger Tor zum Schutz der West-Berliner Bevölkerung, um unüberlegte Protestaktionen gegen die Abriegelungsmaßnahmen der DDR zu verhindern – 31. Oktober 1961.

Potsdamer Platz

Der Potsdamer Platz, in vergangenen Jahrzehnten weltberühmtes Zentrum, Geschäftsviertel und pulsierender Verkehrsknotenpunkt Berlins, wurde durch die Teilung der Stadt besonders hart getroffen. Nach schweren Kriegsschäden setzte sich mit dem Abriss des Columbushauses nach dem 17. Juni 1953 die schrittweise Zerstörung des Platzes fort. Der Verlauf der Grenze an der Nahtstelle zwischen britischem, amerikanischem und sowjetischem Sektor zerschnitt fast in der Mitte den Platz, und was an größeren Teilen noch zum Ostsektor gehörte, verschwand in den folgenden Monaten nach dem 13. August in dem ausgeklügelten Grenzsperrsystem mit einem weiträumig angelegten Todesstreifen. In den Monaten danach ließ die DDR noch weitere Gebäude abreißen.

Im Rahmen des zwischen der Ost- und der Westseite vereinbarten Gebietsaustausches kam das brachliegende Gelände des ehemaligen Potsdamer Bahnhofes und die benachbarte Ruine des „Hauses Vaterland" 1972 in die Zuständigkeit der West-Berliner Seite, die dann dieses ehemals weithin berühmte Haus gleichfalls der Abrissbirne überantwortete. Im Westen wurden lediglich das Weinhaus Huth und Reste des Hotels „Esplanade" zwischen Bellevuestraße und

Potsdamer Platz von der städtebaulichen Flurbereinigung verschont. Letzteres wurde nach der Wende in die Neubebauung des Potsdamer Platzes einbezogen.

Von der Aussichtsplattform auf West-Berliner Seite sah die nicht abreißende Schar von Touristen, denn ein Besuch am Potsdamer Platz gehörte fast zu jedem West-Berlin-Reiseprogramm, die riesige zu einem einzigen Todesstreifen umfunktionierte Brache des leer geräumten Platzes und die immer weiter perfektionierten Absperranlagen der DDR-Grenztruppen mit Mauer, Stacheldraht, Todesstreifen, Panzersperren und Kfz-Gräben.

Trotz der enormen Ausdehnung des unwirklichen Niemandslandes wirkte scheinbar auch im November 1989 noch der Mythos dieses mit soviel Historie behafteten Platzes, als bereits drei Tage nach dem Mauerfall, am 12. November, die DDR-Grenztruppen am Potsdamer Platz einen Grenzübergang eröffneten und in ganz kurzer Zeit pulsierendes Stadtleben die ehemalige Riesenbrache zurückeroberte.

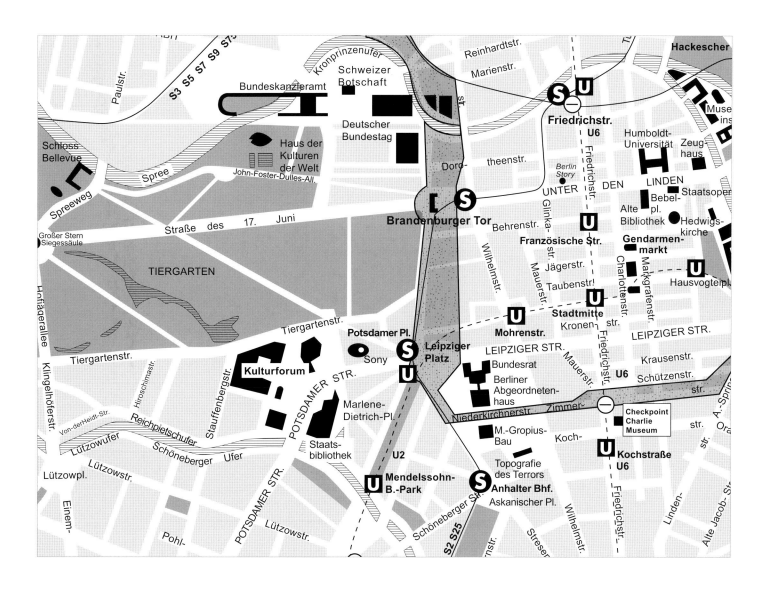

Verlegung der ersten Stacheldrahtsperren durch Angehörige der Ost-Berliner Grenzpolizei – 14. August 1961.

Die Sperrmauer der „ersten Generation" folgte peinlich genau dem Verlauf der Sektoren- bzw. Bezirksgrenzen – Oktober 1961.

Verstärkung der Sperranlagen durch Tarnnetze, Panzersperren und Ausweitung des Todesstreifens, im Hintergrund die Stresemannstraße, rechts Ruine des „Hauses Vaterland" – 20. November 1961.

Wachposten der West-Berliner Schutzpolizei an der Sperrmauer am Potsdamer Platz – 3. September 1964.

West-Berliner beim Kaffeetrinken vor der Sperrmauer am Potsdamer Platz – 24. August 1961.

Souvenir-Verkauf am Potsdamer Platz, im Hintergrund die Besucher-Aussichtsplattform – August 1972.

Grenzmauer der „dritten Generation" mit oberem Abschluss durch eine Betonröhre, die verhinderte, dass Flüchtlinge mit ihren Händen Halt fanden – 23. September 1966.

Trennung von Familien und Freundschaften

Die Mauer trennte von einem Tag auf den anderen ganze Familien, Freundschaften und natürlich auch Liebesbeziehungen. Sie durchschnitt eine pulsierende Stadt in zwei komplette Hälften. Bis zum Mauerbau zwischen Ost- und West-Berlin hatten täglich – oft mehrmals am Tage – hunderttausende Berliner sowie Menschen aus den Brandenburger Vororten die Sektorengrenzen passiert, um in der anderen Stadthälfte zu arbeiten, Verwandte oder Freunde zu besuchen, einzukaufen, ins Theater oder Kino zu gehen, das Strandbad Wannsee aufzusuchen bzw. sich anderweitig zu amüsieren.

Am 23. August 1961 wurden die letzten für West-Berliner offenen Grenzübergänge geschlossen. Die DDR verlangte von nun an von den West-Berlinern Passierscheine, die sie am Bahnhof Zoologischer Garten beantragen sollten, wozu aber der Senat von West-Berlin seine Zustimmung verweigerte, sodass es zu dieser Regelung nicht kam. Die S-Bahnhöfe und das Schienennetz auf West-Berliner Territorium gehörten zum Zuständigkeitsbereich der Deutschen Reichsbahn und waren damit faktisch DDR-Gebiet. Von diesem Zeitpunkt an waren West- und Ost-Berliner auf lange Zeit von einander getrennt. Anfangs konnten die getrennten Menschen auf beiden Seiten einander noch zuwinken. Später errichteten die DDR-Grenzpolizisten an vielen Stellen zusätzlich zum Stacheldraht noch Sichtblenden, um dies zu verhindern. Erst das zwischen dem Senat von West-Berlin und der DDR ausgehandelte Passierscheinabkommen im Dezember 1963 ermöglichte es den West-Berlinern vom 20. Dezember 1963 bis zum 5. Januar 1964, ihre Ost-Berliner Verwandten das erste Mal wieder zu besuchen. Diese erste Gelegenheit nach dem 13. August 1961 nutzten rund 730.000 West-Berliner zu 1,2 Millionen Verwandtenbesuchen im anderen Teil der Stadt.

Rund 53.000 Menschen aus Ost-Berlin und dem Brandenburger Umland arbeiteten vor dem Mauerbau in West-Berlin, ca. 13.000 West-Berliner im Ostteil der Stadt. Bereits Wochen vor dem Mauerbau hatte die DDR einen hysterischen Propagandakrieg gegen die im Westen arbeitenden Ost-Berliner und aus dem DDR-Umland begonnen, ab dem 4. August 1961 mussten sich die „Grenzgänger" auf Anordnung der DDR-Behörden registrieren lassen. Folge dieser Maßnahme war ein weiterer Anstieg der Flüchtlingszahlen. Nach dem 13. August mussten sich die „Grenzgänger" in Ost-Berlin bei ihrer letzten Dienststelle bzw. ihrem letzten Betrieb melden, oder sich generell eine neue Arbeitsstelle suchen, was aber bei der angespannten Personallage in der volkseigenen Wirtschaft in den allermeisten Fällen kein Problem war. Auch für die West-Berliner, die mehrheitlich als Mitarbeiter bei der Deutschen Reichsbahn, als Ärzte oder anderes medizinisches Personal in Krankenhäusern oder in künstlerischen Berufen an Ost-Berliner Bühnen ihrer Arbeit nachgingen, kam gleichfalls für die meisten bald danach das berufliche Aus im Ostteil der Stadt. Als Reaktion auf die Abriegelung der Grenzen durch die DDR-Staats- und Parteiführung verwehrte die West-Berliner Polizei in den Tagen nach dem 23. August 1961 etlichen West-Berlinern, die in Ost-Berliner Krankenhäusern arbeiteten, den Zutritt in den Ostsektor, um auf diese Weise die angespannte medizinische Versorgung in der DDR zusätzlich zu destabilisieren.

Getrennte Freundschaften an der Lohmühlenbrücke, die jungen Mädchen im Vordergrund und die beiden DDR-Grenzpolizisten befinden sich auf dem Lohmühlenplatz im sowjetischen Sektor, die jungen Männer, im amerikanischen Sektor, im Hintergrund das Umspannwerk am Paul-Lincke-Ufer in Kreuzberg (amerikanischer Sektor) – 15. August 1961.

Gespräch zweier Freundinnen über die Mauer der „ersten Generation" an der Harzer Straße an der Sektorengrenze Neukölln/Treptow – 23. August 1961.

West-Berliner Hochzeitspaar und Gäste grüßen vom Bürgersteig Bernauer Straße (französischer Sektor) Angehörige im ersten Stockwerk des Mietshauses (sowjetischer Sektor) – 8. September 1961.

West-Berliner winken an der Sektorengrenze Bernauer Ecke Brunnenstraße ihren Verwandten bzw. Bekannten im Ostteil der Stadt – 24. August 1961.

Päckchentransport vom West-Berliner Bürgersteig zu der Nachbarin im Ost-Berliner Mietshaus Brunnen- Ecke Bernauer Straße – 8. September 1961.

West-Berlinerin winkt über die noch recht provisorische Mauer Angehörigen im Ost-Berliner Teil der Brunnenstraße zu – 23. August 1961.

Zwangsräumungen von Grenzhäusern

Schon kurze Zeit nach der Abriegelung der Grenzen und dem innerstädtischen Mauerbau begann die DDR mit der Zwangsräumung von Mietshäusern im Sperrgebiet, um weitere Fluchtmöglichkeiten zu unterbinden und um im Grenzbereich „freies Beobachtungs- und Schussfeld" zu schaffen. Nach dem Vermauern der Hauseingänge und der nach West-Berlin gelegenen Fenster folgte ab dem 21. August als nächste Maßnahme des DDR-Regimes die Zwangsräumung der Grenzhäuser. Allein bei der Zwangsräumungsaktion am 24. September 1961 in der Bernauer Straße mussten fast 2000 Menschen völlig überstürzt ihr Mobiliar verladen und ihre Wohnungen verlassen. Auf einer Länge von 1,4 km – zwischen Schwedter und Gartenstraße – wurden 37 Läden, 1235 Fenster und bis zu 50 Hauseingänge zugemauert. Auf den Dächern wurde die Flucht durch Stolper- und Stacheldrahtverhaue unmöglich gemacht.

Vor allem in den folgenden Jahren ordnete die DDR-Führung umfassende Aussiedlungs- und Abrissarbeiten an. Ganze Straßenzüge, Wohnhäuser, Gewerbehöfe und Friedhöfe wurden abgerissen bzw. abgeräumt, um Platz für die Anlegung des berüchtigten Todesstreifens – im DDR-Sprachgebrauch anfänglich Handlungsstreifen, später Kontrollstreifen genannt – zu schaffen. Neben der kompletten Zerstörung von Friedhofsteilen, deren Gräber abgeräumt bzw. eingeebnet wurden, wurden auch ganze Friedhöfe, die direkt auf Ost-Berliner Seite der Sektorengrenze lagen, wie z. B. in der Scharnhorst-, Liesen- und Bernauer Straße, zum Sperrgebiet erklärt, wo nur noch durch Passierscheine berechtigte Personen zu festgelegten Zeiten die Grabstellen von Angehörigen aufsuchen durften. Quer durch die im Sperrgebiet liegenden Friedhöfe wurden an vielen Stellen Hundelaufanlagen errichtet, um mögliche Fluchtversuche in dem unübersichtlichen Gelände zusätzlich zu erschweren.

Zwangsräumungen von Wohnungen an der Sektorengrenze in der Bernauer Straße im Bezirk Mitte – 24. September 1961.

Zu den ersten Maßnahmen der DDR-Grenzpolizei bei den direkt auf der Sektorengrenze stehenden Häusern, wie hier in der Bernauer Straße, gehörten die Vermauerung der Vordereingänge und die Zusperrung der Parterrefenster durch Stacheldrahtverhaue – 4. September 1961.

Zwangsräumungen von Wohnungen an der Sektorengrenze in der Bernauer Straße unter Bewachung durch Angehörige der Grenzbrigaden des Kommandos Bereitschaftspolizei, die mit Spiegeln den West-Berliner Fotografen die Arbeit erschweren – 1. Oktober 1961.

Sprengung eines Grenzhauses Bernauer Ecke Wolliner Straße an der Sektorengrenze Mitte/Wedding 1967.

Zerstörung der zwangsgeräumten Laubenkolonien an der Klemkestraße in Schönholz und Anlage der Sperranlagen mit Stacheldrahtbarrieren und Todesstreifen – 26. September 1961.

Fluchtaktionen

Bis zum Mauerbau am 13. August 1961 hatten rund 1,6 Millionen Menschen aus Ost-Berlin und der DDR über die noch offene Sektorengrenze zu West-Berlin ihre Heimat verlassen. Nun, nach der Schließung der Zugangswege zu West-Berlin, ging die Zahl der Flüchtlinge zurück, aber der Flüchtlingsstrom versiegte nicht vollständig, denn die noch relativ provisorischen Abriegelungen in den ersten Tagen nutzten viele Ost-Berliner noch zur Flucht. Sie sprangen aus den Fenstern von Grenzhäusern, durchschwammen die Berliner Gewässer oder überwanden die noch nicht sehr hohen und nicht überall gleichmäßig bewachten Sperranlagen.

Über die beobachteten bzw. gemeldeten „Grenzdurchbrüche", wie die Flucht offiziell im DDR-Sprachgebrauch genannt wurde, führte das Ost-Berliner Polizeipräsidium eine genaue Statistik. So registrierte es für die zweite Hälfte des Monats August 1961 nur für die innerstädtische Grenze allein 100 Fälle, bei denen 158 Personen nach West-Berlin flohen. Gesondert wurden die Desertionen von Angehörigen der Ost-Berliner Polizei geführt. Im selben Zeitraum registrierte die Polit-Abteilung 56 fahnenflüchtige Volks- bzw. Bereitschaftspolizisten an der innerstädtischen Sektorengrenze.

Eine unvollständige offizielle Statistik zählte bis zum Jahresende 1961 rund 300 Desertionen von Angehörigen der DDR-Grenzpolizei. Zu den nicht bemerkten Fluchtvorgängen gehörten beispielsweise jene, die bereits kurz nach dem Mauerbau durch spontane westliche Fluchthilfe mit gefälschten Personalausweisen bzw. internationalen Pässen etlichen Ost-Berlinern die Flucht ermöglichten. Insgesamt registrierte das West-Berliner Notaufnahmelager in Marienfelde für die Zeit vom 13. August bis zum 31. Dezember 1961 noch 25.403 Flüchtlinge aus Ost-Berlin und der DDR.

Auf einen 15-jährigen Jugendlichen wurde bei dessen Fluchtversuch am 23. Mai 1962 in der Nähe der Sandkrugbrücke von DDR-Grenztruppen das Feuer eröffnet, als er am frühen Abend durch den Schifffahrtskanal schwimmend West-Berlin zu erreichen versuchte. Nach vergeblicher Aufforderung zur Einstellung der Schießerei gaben ihm West-Berliner Polizisten Feuerschutz, wobei der Unteroffizier der DDR-Grenztruppen, Peter Göhring, getötet wurde.

Etliche West-Berliner begnügten sich in der Folgezeit nicht nur mit Protestaktionen gegen die Mauer, sondern versuchten, aktive Fluchthilfe zu leisten. Einer von ihnen, Harry Seidel – selbst noch am 13. August 1961 von Ost- nach West-Berlin geflüchtet – war

am 14. November 1962 als Mitglied einer Fluchthelfergruppe beim Durchbruch eines Tunnels zwischen dem Bezirk Zehlendorf und Kleinmachnow von DDR-Grenzposten festgenommen worden. In einem Schauprozess verurteilte ihn das Oberste DDR-Gericht am 29. Dezember 1962 wegen „schweren Verbrechens gegen das Gesetz zum Schutze des Friedens" zu lebenslänglich Zuchthaus.

Bergung des von Ost-Berliner Transportpolizisten erschossenen Günter Litfin aus dem Humboldt-Hafen, der als erster Flüchtling an der Berliner Mauer erschossen wurde – 24. August 1961.

Eine Familie flüchtet durch ein Parterre-Fenster eines Ost-Berliner Hauses auf den zu West-Berlin gehörenden Bürgersteig in der Bernauer Straße – 17. August 1961.

Protestaktion der Ehefrau und von Freunden für den in der DDR inhaftierten West-Berliner Fluchthelfer Harry Seidel an der Sperrmauer Sebastianstraße in Kreuzberg – 13. April 1963.

Mit einem durch Stahlplatten und einem Schneepflug gesicherten Autobus gelang einer Familie die Flucht über den Grenzkontrollpunkt Drewitz, die Aufnahme entstand auf dem Gelände des Notaufnahmelagers Marienfelde – 26. Dezember 1962.

Zuschüttung eines vor der Benutzung entdeckten Fluchttunnels in der Bernauer Straße durch die Grenztruppen der DDR – 25. Februar 1971.

Mahnmale für Maueropfer

In den ersten Wochen und Monaten nach dem 13. August 1961 kam es entlang der noch nicht völlig unüberwindlichen Grenze zu West-Berlin immer wieder zu Fluchtversuchen. Besonders spektakulär verliefen die Fluchtversuche in den so genannten Grenzstraßen an der innerstädtischen Sektorengrenze, wie Bernauer, Harzer oder Heidelberger Straße, weil sie hier oft am helllichten Tage und vor aller Augen passierten. Hier ereigneten sich auch die ersten Todesfälle, wie die von Ida Siekmann und Rudolf Urban, die sich beim Sprung aus den oberen Stockwerken von Ost-Berliner Grenzhäusern auf den zu West-Berlin gehörenden Bürgersteig tödliche Verletzungen zuzogen. Zum Gedenken an die Opfer wurden von den West-Berlinern an diesen Stellen in der Bernauer Straße spontan Gedenkkreuze und Mahnmale aufgestellt, an denen auch in den Folgejahren durch Kranzniederlegungen der Toten gedacht wurde.

Der 24-jährige Schneider Günter Litfin versuchte am 24. August 1961, durch den Humboldt-Hafen schwimmend, nach West-Berlin zu gelangen. Dabei wurde er von DDR-Transportpolizisten entdeckt und aufgefordert stehen zu bleiben. In der Lagemeldung Nr. 534 vom 24. August 1961,

16.50 Uhr, des Präsidiums der Volkspolizei in Ost-Berlin heißt es dazu lapidar: „Als die Person gestellt wurde, sprang sie in die Spree und versuchte, nach West-Berlin zu schwimmen. Durch einen Posten der Trapo [Transportpolizei] wurde mit der MPi [Maschinenpistole] Sperrfeuer gegeben, worauf aber nicht reagiert wurde. Da die Person weiter schwamm, gab der Posten gezieltes Feuer, und die Person versank. WSI [Wasserschutzpolizei-Inspektion] leitet Suche ein." Günter Litfin, dessen Leiche gegen 19.10 Uhr aus der Spree geborgen und in das Volkspolizei-Krankenhaus verbracht wurde, war der erste Flüchtling, der an der Berliner Mauer durch gezielte Schüsse von Ost-Berliner Grenzpolizisten getötet wurde.

Aber ein anderer Todesfall an der Mauer wühlte die Berliner Bevölkerung und auch die gesamte westliche Welt besonders auf und blieb stellvertretend für die Maueropfer weit aus mehr im Gedächtnis haften. Es war der Fluchtversuch des 18-jährigen Maurers Peter Fechter, der gemeinsam mit einem Freund und Kollegen am 17. August 1962 – rund ein Jahr nach dem Mauerbau – in der Zimmerstraße, unweit des Kontrollpunktes Checkpoint Charlie, die Grenzsperren eigentlich schon überwunden hatte, als sie von DDR-Grenzposten beschossen wurden. Während der Freund

die letzte Mauer noch überklettern konnte, wurde Peter Fechter von mehreren Schüssen getroffen und blieb schwer verletzt auf der östlichen Seite der Mauer liegen. Er verblutete, um Hilfe rufend, vor den Augen und Ohren vieler hunderter Berliner beiderseits der Mauer, weil ihm von westlicher Seite nicht geholfen werden konnte und die DDR-Grenztruppen erst nach 50 Minuten seine Bergung veranlassten. Das qualvolle, sich über eine knappe Stunde hinziehende Sterben von Peter Fechter führte damals der gesamten Welt die Grausamkeit dieser Mauer mit aller Deutlichkeit vor Augen.

Gedenkkreuz und Blumengestecke für Peter Fechter an der Markgrafen- Ecke Zimmerstraße, der am 17. August 1962 beim Fluchtversuch von Ost-Berliner Grenzposten angeschossen, hinter der Mauer hilflos verblutete – 20. August 1962.

Mahnmal für Ida Siekmann, die sich beim Sprung aus dem dritten Stockwerk ihrer Ost-Berliner Wohnung in der Bernauer Straße 48 auf den zu West-Berlin gehörenden Bürgersteig am 22. August 1961 tödlich verletzte.

Mahnwache am Gedenkstein für Günter Litfin am Friedrich-List-Ufer, der bei dem Versuch, durch den Humboldt-Hafen schwimmend von Ost- nach West-Berlin zu gelangen, von Transportpolizisten der DDR am 24. August 1961 als erster Flüchtling erschossen wurde – 5. Oktober 1962.

Gedenkkreuz am Grenzübergang Heinrich-Heine-Straße für den am 26. Dezember 1965 von DDR-Grenzsoldaten erschossenen Dortmunder Heinz Schöneberger, der versuchte, zwei weibliche Personen aus Ost-Berlin mit einem Pkw zu schleusen. Schöneberger erreichte noch schwer verletzt West-Berlin, wo er aber kurze Zeit danach verstarb – Juli 1968.

Mahnmal und Gedenkkreuz für das erste Opfer an der Berliner Mauer, den 47jährigen Rudolf Urban, der sich mit anderen Hausbewohnern am 19. August 1961 aus dem Fenster seiner Wohnung in der Bernauer Straße abseilte, dabei abstürzte und an den Folgen des Sturzes am 17. September 1961 verstarb – Mai 1977.

Die Grenze bei Reinickendorf

Fast genauso bedrückend wie in der Bernauer oder Heidelberger Straße wirkte die Mauer oder besser die Grenzsperranlagen in der freien Natur, mitten zwischen Feldern und Wiesen. Dort war sie fast noch unwirklicher und noch unpassender als in der Innenstadt zwischen den Häuserfluchten und anderem Gemäuer.

Der Bezirk Reinickendorf grenzte zu ca. einem Drittel an den im Osten benachbarten Bezirk Pankow und zu gut zwei Dritteln im Norden und Westen an die DDR. Der nördlichste Abschnitt der innerstädtischen Sektorengrenze erstreckte sich von der Stadtgrenze zu Brandenburg, vom Tegeler Fließ über das Werksgelände des ehemaligen VEB Bergmann-Borsig entlang der S-Bahn-Strecke bis zum Bahnhof Wollankstraße. Die Sperranlagen durchzogen zunächst die offenen, zum Teil von der Landwirtschaft genutzten Flächen, bevor sie entlang der alten Niederbarnimer Eisenbahnlinie und des Märkischen Viertels auf westlicher Seite durch die städtischen Quartiere von Pankow und Reinickendorf führten. Inmitten der Felder und Brachwiesen wurden die Grenzsperranlagen von der Grenzpolizei gleich von Beginn an in erheblicher Breitenausdehnung errichtet, um eventuelle Fluchtversuche unmöglich

zu machen. Dazu gehörte auch die gespenstische Ausleuchtung des Grenzstreifens und der Stacheldrahtbarrieren während der Nacht, die der gesamten Szenerie den Eindruck eines Gefangenenlagers verlieh.

Vom Tegeler Hafen verkehrten auf West-Berliner Seite Ausflugsschiffe auf dem Tegeler See und der Havel. Bei ihren Fahrten mussten die Steuermänner der Ausflugsdampfer sich genau an die vorgeschriebenen Fahrtrouten halten, da die Grenze zwischen Ost und West, die nicht verletzt werden durfte, ungefähr in der Flussmitte der Havel verlief.

Nächtliche Ausleuchtung der Sektorengrenze mit Scheinwerfern im Abschnitt zwischen Lübars und Rosenthal an den alten Güterbahngleisen – März 1966.

Unter dem Schutz von französischen Militärposten räumen West-Berliner Polizisten die Trümmer der über Nacht eingestürzten Ost-Berliner Sperrmauer an der Sektorengrenze Klemkestraße weg, links im Hintergrund Ost-Berliner Grenzposten – 31. März 1962.

Sperranlagen an dem noch auf West-Berliner Gebiet liegenden S-Bahnhof Wilhelmsruh, hinter der Mauer ein Propaganda-Plakat des vom West-Berliner Senat finanzierten „Studios am Stacheldraht" – 6. Juni 1966.

Grenzbefestigungsanlagen mit Stacheldrahtzäunen, Todesstreifen, Beobachtungsbunker, Wachtürmen, Kolonnenweg und Beleuchtungsmasten an der Sektorengrenze im Bereich der Blankenfelder Chaussee bei Lübars – Juli 1969.

Grenzbefestigung mit einer Sperrmauer der „dritten Generation" und Stacheldrahtzaun an der Blankenfelder Chaussee bei Lübars, im Hintergrund älterer Beobachtungsturm aus Holz und neuer Beton-Beobachtungsturm der DDR-Grenztruppen – Juli 1969.

Die Mauer der „dritten Generation" mit Todesstreifen, Kolonnenweg, Beobachtungsbunker, Panzersperren, Beleuchtungsmasten und Signalzaun an der Quickborner Straße, im Hintergrund Friedrich-Engels-Straße im Ost-Berliner Ortsteil Rosenthal – Mai 1976.

Das West-Berliner Motorschiff „Moby Dick" auf dem Nieder-Neuendorfer See vor der Fährstraße in Heiligensee, im Hintergrund Grenzmauern und Wachturm vor dem Ort Nieder-Neuendorf in der DDR; die Grenze zwischen West-Berlin und der DDR verlief ungefähr in der Mitte der Wasserstraße – Juni 1980.

Die Mauer zwischen Mitte und Wedding

Die Bernauer Straße gehörte während der Spaltung der Stadt zu den furchtbarsten Abschnitten der innerstädtischen Mauer. Über den gesamten Straßenverlauf von der Schwedter bis zur Gartenstraße verlief die Sektorengrenze – die alte Stadtbezirksgrenze zwischen den Bezirken Mitte und Wedding – zwischen dem sowjetischen und dem französischen Sektor an der Häuser-Vorderfront der südlichen Straßenseite. Sowohl die nördliche Häuserfront, der nördliche Bürgersteig, die gesamte Fahrbahn als auch der südliche Bürgersteig gehörten zu West-Berlin. In den Jahren vor der Teilung bezahlte man in den Geschäften auf der südlichen Straßenseite mit Ost-Mark und in den Läden auf der nördlichen Seite hingegen mit DM, der in West-Berlin gültigen Währung.

Drei Tage nach dem 13. August wurden die Haustüren der auf Ost-Berliner Seite liegenden Mietshäuser abgeschlossen, und ab dem 18. August begannen die Grenzpolizisten die Hauseingänge zu vermauern. Da in den folgenden Wochen immer noch weitere Ost-Berliner diese Häuser, vor allem über die oberen Stockwerke, für Fluchtversuche nutzten, begann die DDR im Herbst 1961 mit Zwangsräumungen in der Bernauer wie auch in anderen Straßen mit ähnlich extremem Grenzverlauf. 1965 wurden die Häuser auf der Ost-Berliner Straßenseite schließlich fast gänzlich abgerissen, nur die Vorderfronten der Erdgeschosse blieben an vielen Stellen noch bis 1979 Teil der Sperranlagen, ehe auch sie durch die Betonmauer der „vierten Generation" ersetzt wurden.

An der Sektorengrenze in der Bernauer Straße stand auf Ost-Berliner Seite die Versöhnungskirche, deren weitaus größerer Teil der Mitglieder der seit 1961 zerrissenen Kirchengemeinde auf West-Berliner Seite lebte. Nach dem 13. August durfte die Kirche, da sie direkt im Sperrgebiet lag, nicht mehr genutzt werden und wurde geschlossen. Am 23. Oktober 1961 erfolgte die komplette Räumung des Gemeindehauses der Versöhnungs-Kirchgemeinde und des benachbarten Burckhardthauses, einer evangelischen Einrichtung für Jugend-, Kultur- und Sozialarbeit.

Zum ersten Weihnachtsfest nach dem Mauerbau äußerte das damalige Kirchengemeinde-Mitglied Regine Radischewski, spätere Brandenburger Ministerin Hildebrandt, beim Rat des Stadtbezirkes Mitte die schriftliche Bitte, einen beleuchteten Adventsstern am Turm der zugemauerten Versöhnungskirche anbringen zu lassen.

Ihr Antrag wurde aber ebenso wie der ihres späteren Ehemannes, des Sohnes von Pfarrer Helmut Hildebrandt, an kirchlichen Feiertagen die Glocken der Versöhnungskirche läuten zu dürfen, von den Ost-Berliner Behörden abgelehnt. Die direkt hinter der Mauer stehende, aber unzugängliche Kirche blieb über all die Jahre ein ganz besonderes Symbol der geteilten Stadt. Zusätzliche Berühmtheit erlangte sie, als das Kirchengebäude 1985 von DDR-Grenztruppen gesprengt wurde. Das Bild des einstürzenden Kirchturmes ging um die Welt.

Zu den Absurditäten der Teilung gehörte auch der S-Bahnhof Wollankstraße an der Nord-Süd-S-Bahn-Strecke. Der Bahhof lag im Ost-Berliner Bezirk Pankow, unmittelbar an der Sektorengrenze zum West-Berliner Bezirk Wedding, durfte aber nur von Bewohnern West-Berlins benutzt werden. Ein Schild am Bahnhofseingang warnte allerdings die S-Bahn-Benutzer aus dem Westen: „Achtung! Dieser Eingang und der Bahnhof liegen im Sowjetsektor."

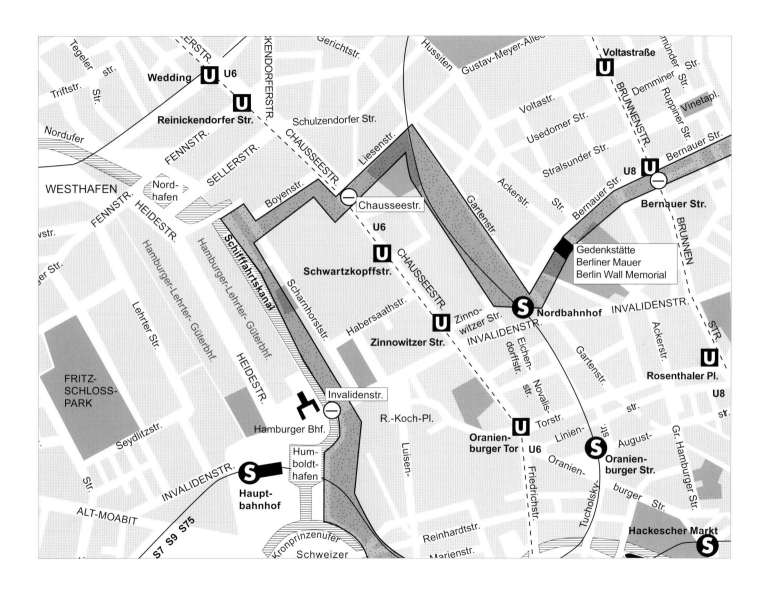

Die Mauer der "ersten Generation" mit davor errichteten Sichtblenden an der Bernauer Ecke Schwedter Straße, das am rechten Bildrand befindliche zugemauerte Haus gehört zum Ostsektor, links die Oderberger Straße – 21. November 1961.

Zwangsgeräumte und zugemauerte Grenzhäuser auf der Ost-Berliner Seite der Bernauer Straße, die gesamte restliche Straße mit beiden Bürgersteigen gehörte zu West-Berlin, in den ersten Jahren nach dem Mauerbau fuhr auch noch die West-Berliner Straßenbahn durch die Straße – 20. März 1962.

Verstärkung der Sperrmauer der „ersten Generation" an der Boyen-Ecke Chausseestraße, links und am oberen Bildrand die zum West-Berliner Bezirk Wedding gehörende Boyen- und Chausseestraße – 17. Juli 1962.

Abriegelung Ost-Berlins an der Sektorengrenze Bernauer Ecke Strelitzer Straße durch Stacheldrahtbarrieren und Ost-Berliner Grenzpolizisten, deren Aufmerksamkeit nicht der West-Berliner Seite, sondern nur den Einwohnern Ost-Berlins im Hintergrund gilt – 14. August 1961.

Blick von der Aussichtsplattform an der Ecke Schwedter Straße auf die Grenze an der Bernauer Straße, hinter den Erdgeschoss-Vorderfronten der abgerissenen Häuser wurden die Sperranlagen durch die Mauer der „vierten Generation", einen Kontrollstreifen und einen Kontaktzaun verstärkt – 16. April 1980.

Nachdem das Kirchenschiff der Versöhnungskirche bereits einige Zeit vorher abgetragen worden war, erfolgte die Sprengung des Turmes durch DDR-Grenztruppen Anfang des Jahres 1985 – 28. Januar 1985.

Die Mauer zwischen Mitte und Kreuzberg

Der Mauerbau hatte für beide Stadtbezirke, sowohl für Mitte im Ostteil als auch für Kreuzberg im Westteil, schwerwiegende Folgen. Der Bezirk Mitte beherbergte fast alle wichtigen Ost-Berliner Partei- und Regierungszentralen, war aber auf drei Seiten – im Westen, Norden und Süden – sozusagen von „Feindesland" umschlossen, u. a. auch deshalb kamen sich viele Ost-Berliner „eingemauert" vor. Ähnlich erging es dem Bezirksteil SO 36 von Kreuzberg, der – früher dem Berliner Zentrum zugehörig – durch die Ereignisse vom 13. August 1961 nun in eine städtische Sackgasse geriet und im Verlauf der folgenden Jahre die Entstehung von Nischenkulturen förderte.

Da die Sektorengrenze an der Kreuzung Zimmer- Ecke Lindenstraße an dieser Stelle einen abrupten Knick nach Nordosten machte, war es dem Fotografen Horst Siegmann möglich, die Bauarbeiter und deren Bewacher auf Ost-Berliner Seite – sozusagen – von hinten zu fotografieren. Nur ein wenig westlich versetzt von diesem Standort errichtete Axel Springer fünf Jahre später als Symbol der freien westlichen Welt direkt an der Mauer sein Verlags-Hochhaus. Die „Albertzlauben", wie auf einem der Fotografien zu sehen, dienten der West-Berliner Polizei als schusssicherer Unter- und Beobachtungsstand und waren nach dem damaligen Innensenator und späteren Regierenden Bürgermeister Heinrich Albertz benannt, in dessen Amtszeit als Innensenator diese Unterstände aufgestellt wurden.

In der ehemaligen Luisenstadt, die bereits 1920 auf die neu gebildeten Bezirke Mitte und Kreuzberg aufgeteilt worden war, folgte die Sektorengrenze zwischen sowjetischem und amerikanischem Sektor jenem charakteristischen Bogen, den der von Peter Joseph Lenné geschaffene und in den zwanziger Jahren wieder zugeschüttete Luisenstädtische Kanal zwischen dem Engelbecken und der Spree zog.

Auch in diesem Bereich verlief die Grenze entlang von Leuschner- und Bethaniendamm unmittelbar an der südlich gelegenen Häuserflucht. Hier war die Situation aber genau umgekehrt wie in der Bernauer Straße. Die südliche Häuserreihe gehörte zum amerikanischen Sektor, der davor liegende Bürgersteig und die gesamte Straße gehörten noch zum Ostsektor. Die DDR ließ jedoch die Mauer, wie sehr oft in solchen Fällen, einige Meter von der exakten Grenzlinie versetzt auf Ost-Berliner Seite errichten. Dadurch erhielten diese Zonen in West-Berlin fast den Charakter von altstädtischen Gassen, so wie man es eigentlich nur vom Straßenbild mittelalterlicher Städte kannte. Der zu Ost-Berlin gehörende Bürgersteig wie beispielsweise in der Sebastianstraße konnte von West-Berlinern begangen bzw. befahren werden, die West-Berliner Polizei durfte aber bei einem Verbrechen oder Unfall nicht tätig werden, in diesen Bereichen war nur die alliierte Militärpolizei einsatzberechtigt.

Die Mauer in Kreuzberg, besonders der erwähnte Mauerbogen, wurde, nachdem die DDR-Grenztruppen die weißgetünchte Betonmauer der „vierten Generation" errichtet hatte, ein sehr beliebter Abschnitt für bekannte und unbekannte Mauerkünstler, die die großformatigen Flächen auf West-Berliner Seite bemalten bzw. besprayten.

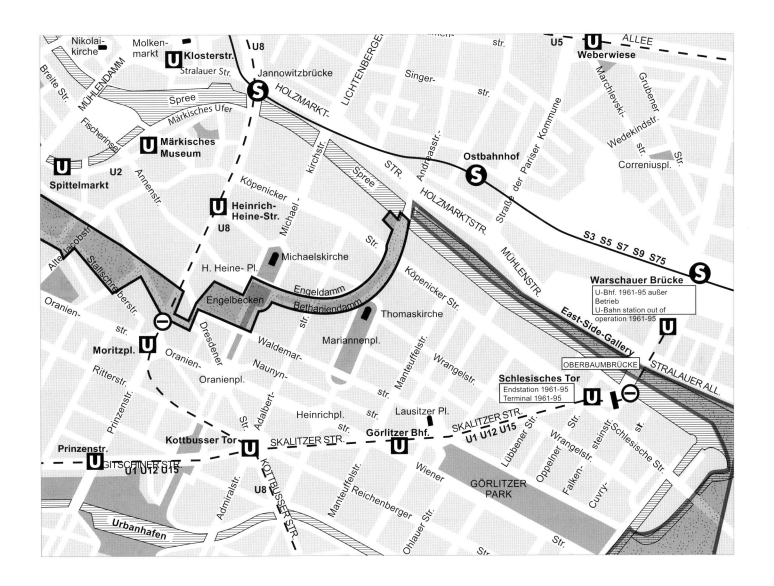

Verstärkung der Sperrmauer und Errichtung von Panzersperren am Haus der Ministerien in der Niederkirchnerstraße – 20. November 1961.

Blick in die Wilhelmstraße mit Mauer der „ersten Generation" im Hintergrund links das Haus der Ministerien auf Ost-Berliner Seite – 23. August 1961.

Bau der ersten Mauer aus Beton-Hohlblocksteinen an der Sektorengrenze Linden- Ecke Zimmerstraße, im Vordergrund der Ost-Berliner Bezirk Mitte – 18. August 1961.

Sperrmauer an der Waldemarstraße Ecke Legiendamm, in der Bildmitte quer über den zugeschütteten Luisenkanal errichtete Sichtblenden, im Hintergrund West-Berliner Mietshäuser am Leuschnerdamm – April 1962.

Sperrmauer der „ersten Generation" und Verstärkung durch die Mauer der „zweiten Generation" mit aufeinander geschichteten Betonplatten an der Linden- Ecke Zimmerstraße, links auf West-Berliner Seite eine „Albertzlaube" für die West-Berliner Schutzpolizei, benannt nach dem Initiator der Schutzstände, Innensenator Heinrich Albertz – 21. November 1961.

Verstärkung der Sperranlagen an der Stresemann- Ecke Niederkirchnerstraße – 28. Juli 1962.

Die Sperrmauer der „dritten Generation" mit Todesstreifen, Signalzaun, Panzersperren und Beobachtungsbunker am Bethaniendamm, am rechten Bildrand das Gewerkschaftshaus von Bruno und Max Taut (heute ÖTV-Haus) an der Fritz-Heckert-Straße (Engeldamm) – Februar 1969.

Die Sperrmauer der „ersten Generation" an der Sebastian- Ecke Luckauer Straße, der zwischen der Mauer und den zu West-Berlin gehörenden Häusern liegende Bürgersteig gehörte noch zu Ost-Berlin – 5. August 1968.

Die Sperrmauer der „vierten Generation" an der Sebastian- Ecke Luckauer Straße, Bürgersteig und Rest der Fahrbahn gehörten zum Ostsektor, die Häuserfront zum Westteil der Stadt – 1984.

Zerstörte Sperrmauer an der Zimmer- Ecke Charlottenstraße nach einem von West-Berliner Seite verübten Sprengstoffanschlag – 28. Juli 1986.

Patrouille von US-Soldaten nach der Flucht zweier DDR-Bürger an der Waldemar- Ecke Luckauer Straße – 25. September 1980.

Mauerkünstler an der Grenzmauer am Bethaniendamm, im Hintergrund die St. Thomas-Kirche – September 1989.

Die Mauer zwischen Treptow und Neukölln

Eine Vielzahl von Nebenstraßen, die vom Ostsektor in die drei Westsektoren führten, hatte die DDR bereits Jahre vor dem Mauerbau durch Sperren oder Maschendrahtzäune unterbrochen. In etlichen Straßen, die die Sektorengrenze zwischen Treptow und Neukölln bildeten, errichteten Angehörige der Ost-Berliner Betriebskampfgruppen am 13. August 1961 gleichfalls als erstes in der Mitte der Fahrbahn einen Maschendrahtzaun. Wochen später wurden durch die Ost-Berliner Grenzpolizei die Straßenbäume gefällt, um eine bessere Übersicht, aber auch ein freies Schussfeld zu erhalten.

Ähnlich extrem wie in der Bernauer Straße zwischen den Bezirken Mitte und Wedding war der Verlauf der Sektorengrenze zwischen Neukölln und Treptow im Bereich der Bouché- und Heidelberger Straße, wo eine Häuserreihe, die Straße und die Bürgersteige auf beiden Seiten zum Ostsektor, die andere Häuserreihe und der davor liegende Vorgarten zum Westsektor gehörten. Wegen dieser besonderen Situation hatte man auf West-Berliner Seite in verschiedenen Abschnitten bereits vor dem Mauerbau in den Vorgärten einen „Umgehungsweg" zu den West-Berliner Hauseingängen

geschaffen, so dass der Ost-Berliner Bürgersteig wegen möglicher Verhaftung oder Verschleppung von den West-Berlinern nicht benutzt werden musste.

Auf der Höhe des S-Bahnhofes Köllnische Heide und im Bereich des Ost-Berliner Stadtteiles Baumschulenweg verlief die Grenze zwischen dem amerikanischen und dem sowjetischen Sektor entlang des Heidekampgrabens, wo es in den ersten Tagen und Wochen nach dem 13. August immer wieder zu Fluchtaktionen kam, da dieser Abschnitt der Sperranlagen noch relativ provisorischen Charakter hatte und auch nicht so intensiv bewacht wurde.

Der Bezirk Neukölln grenzte auf einer Länge von insgesamt 24,7 km an Ost-Berlin und die DDR; davon entfielen 15,6 km auf die Grenze zum Bezirk Treptow und 9,1 km auf die Grenze zum DDR-Kreis Königs Wusterhausen, wo die Grenzsperren besonders aufwändig und tief gestaffelt errichtet wurden, wie die Aufnahmen bei Buckow und Rudow verdeutlichen.

Eine von zahlreichen bereits vor dem 13. August abgesperrten Straßenzügen zwischen Ost- und West-Berlin an der Lohmühlenbrücke, im Hintergrund Wohnhäuser in der Lohmühlenstraße – 13. August 1961, 14.20 Uhr.

Sperranlagen mit Betonplattenmauer, Grenzstreifen, Beobachtungsturm und Beleuchtungsmasten im Bereich Heidelberger- Ecke Treptower Straße, Blick in die Heidelberger Straße – Juli 1969.

Abholzung der Straßenbäume auf der zu Ost-Berlin gehörenden Seite der Heidelberger Straße durch die DDR-Grenztruppen, um auf diese Weise weitere Fluchtversuche zu erschweren – 20. April 1963.

Rodung eines zehn Meter breiten Streifens am Heidekampgraben durch die DDR-Grenztruppen für die Errichtung der Sperranlagen mit Todesstreifen – 30. September 1961.

Abriss von zu Ost-Berlin gehörenden Grenzhäusern an der Harzer Straße, im Hintergrund DDR-Beobachtungsturm an der Lohmühlenbrücke, im Vordergrund die zu West-Berlin gehörende Fahrbahn der Harzer Straße – 26. September 1967.

Sperranlagen mit Mauer der „dritten Generation", Todesstreifen, Beobachtungstürmen, Beleuchtungsmasten und Panzersperren im Grenzbereich Buckow Rudow zum DDR-Kreis Königs Wusterhausen, im Hintergrund die Gropiusstadt – August 1975.

Blick von der Massantebrücke am Teltowkanal auf die Sperranlagen mit Kontrollturm, Todesstreifen und Panzersperren, im Hintergrund Wohnhäuser im Stadtteil Johannisthal – August 1975.

Propagandagefechte von Ost und West

Bereits sechs Tage nach der Schließung der Sektorengrenze begann auf Initiative des West-Berliner Senats das „Studio am Stacheldraht" mit seiner politischen Tätigkeit. Mit großformatigen Plakaten und über zahlreiche Lautsprecher informierte der Westen die Ost-Berliner Bevölkerung und richtete vor allem Appelle an die an der Grenze eingesetzten DDR-Grenzposten.

Auf der Ost-Berliner Seite wurden nach dem 25. August 1961 gleichfalls Lautsprecher installiert, über die sich die DDR mit der Westseite, vor allem an den Schwerpunkten Brandenburger Tor, Potsdamer Platz, an den Grenzübergängen Friedrich- Ecke Zimmerstraße und Heinrich-Heine-Straße, teilweise kreischende Rededuelle lieferte. Auch die Ost-Berliner Seite nutzte die Aufstellung von großflächigen Plakaten an der Mauer, um ihre Agitation und Propaganda vom „antifaschistischen Schutzwall" als Abwehrmaßnahme gegen den „westlichen Imperialismus" in die andere Stadthälfte zu verbreiten und ein Gegengewicht gegen die von der Westseite, u. a. auch von der „Arbeitsgemeinschaft 13. August", aufgestellten Plakate zu schaffen. Neben Plakatierungen und Tonsendungen begann man auf der West-Berliner Seite ab 1962

auch mit der Montage von riesigen Leuchtschriftbändern, so u. a. auf dem GSW-Verwaltungsgebäude in der Kochstraße und auf dem Schulgebäude in der Nähe der Bornholmer Straße, auf denen politische Nachrichten weithin lesbar für die Ost-Berliner Bevölkerung gesendet wurden. Eine derartige Leuchtschriftanlage, die die aktuellen Meldungen der westlichen Presse gen Ost-Berlin sendete, gab es bereits Jahre vor dem Mauerbau am Potsdamer Platz. Ende der sechziger Jahre stellte das „Studio am Stacheldraht" endgültig seine Tätigkeit ein.

*Fahndungsplakat nach einem DDR-Grenzpolizisten, der einen Flüchtling an der Sektorengrenze erschossen haben sollte –
4. September 1961.*

Lautsprecherwagen und Propagandaplakat des vom West-Berliner Senat finanzierten „Studios am Stacheldraht" an der Bornholmer Straße – 16. Oktober 1961.

Plakat des „Studios am Stacheldraht" an der Sektorengrenze Boyen- Ecke Chausseestraße – 16. Mai 1967.

Plakat des „Studios am Stacheldraht" an der Linden- Ecke Zimmerstraße, im Vordergrund Lautsprecherwagen des „Studios am Stacheldraht" – 15. September 1965.

DDR-Propagandatransparent gegen den Regierenden Bürgermeister Willy Brandt an der Sperrmauer Wilhelmstraße zwischen Mitte und Kreuzberg – 20. November 1961.

Lautsprecherwagen-Kolonne des „Studios am Stacheldraht" an der Sperrmauer Stresemann- Ecke Niederkirchnerstraße, im Vordergrund viersprachiges Sektorenschild, mit dem die US-Amerikaner besonders ihre Viermächteverantwortung für die ganze Stadt betonten – 28. Juli 1962.

Leuchtschriftanlage der West-Berliner Seite auf dem GSW-Verwaltungsgebäude in der Kochstraße im Bezirk Kreuzberg – Dezember 1963.

Propagandatransparent des West-Berliner Senats an der Sperrmauer Elsen- Ecke Heidelberger Straße in Neukölln – Oktober 1962.

Ost-Berliner Propagandaplakat an der Sektorengrenze Schwedter Ecke Bernauer Straße, Blick in die Eberswalder Straße – 13. Mai 1966.

Propagandaplakat des „Studios am Stacheldraht" an der stacheldrahtbewehrten Mauer Linden- Ecke Zimmerstraße zwischen Mitte und Kreuzberg, links unter dem Propagandaplakat eine „Albertzlaube" zum Schutz der West-Berliner Polizei – 25. März 1966.

Grenzübergangsstellen

Neben den S- und U-Bahn-Linien gab es in den Monaten vor dem Mauerbau noch 81 offene Straßenzüge, auf denen die Berliner von der östlichen in die westliche Stadthälfte oder umgekehrt wechseln konnten. Am 13. August 1961 wurden davon 67 durchgehende Straßenzüge abgesperrt und später, wie auch die bereits vorher durch Zäune abgesperrten Straßen, zugemauert. Von den verbliebenen Übergängen wurde das Brandenburger Tor am Tag darauf, dem 14. August, und weitere von der DDR anfangs vorgesehene Übergangsstellen – Kopenhagener-, Wollank-, Brunnenstraße, Puschkinallee, Elsen- und Rudower Straße – geschlossen. An innerstädtischen Grenzübergangsstellen, die fast ausschließlich nur in einer Richtung – von West nach Ost – passierbar waren, blieben für Ausländer und Diplomaten die Friedrichstraße, für die Bevölkerung der Bundesrepublik Deutschland die Bornholmer und Heinrich-Heine-Straße und für die Einwohner West-Berlins nur die vier Übergangsstellen Chaussee-, Invalidenstraße, Oberbaumbrücke (nur für Fußgänger) und Sonnenallee geöffnet. Für Bahnreisende sowohl aus der Bundesrepublik als auch später aus West-Berlin sowie aus der DDR stand als einzige Grenzübergangsstelle der Bahnhof Friedrichstraße zur Verfügung. Zu diesem Zweck wurde der Bahnhof zwischen den Bahnsteigen für den Verkehr innerhalb Ost-Berlins und denen für den Verkehr nach West-Berlin durch eine unüberwindliche Stahlwand hermetisch abgeriegelt.

Der Checkpoint Charlie war ein alliierter Kontrollposten am Sektorenübergang Friedrich- Ecke Zimmerstraße. Dort war von 1961 bis 1990 die einzige Grenzübergangsstelle für die Angehörigen der Alliierten Streitkräfte zwischen West- und Ost-Berlin. Der gleichzeitig für Ausländer und Diplomaten einzige Grenzübergang wurde in den Jahren der Teilung der bevorzugte Ort für Protestaktionen auf West-Berliner Seite, um auf das Schicksal von drangsalierten DDR-Bewohnern oder in der DDR Inhaftierten aufmerksam zu machen.

In den Oktobertagen des Jahres 1961 kam es zur militärischen Konfrontation beider Seiten am Checkpoint Charlie. Am 22. Oktober versuchten plötzlich die DDR-Grenztruppen bei den West-Alliierten Passkontrollen vorzunehmen, was von diesen unter Berufung auf den geltenden Vier-Mächte-Status verweigert wurde. Nachdem die Ost-Berliner Grenzsoldaten dies an den Folgetagen wiederholten, gingen am 25. Oktober auf West-Berliner Seite mehrere US-Panzer in Stellung. Die Situation eskalierte am darauf folgenden Tag, als auch auf Ost-Berliner Seite sowjetische Panzer mit abgedeckten Hoheitszeichen auffuhren. Rund 48 Stunden standen sich so – nur wenige Meter voneinander entfernt – beide Weltmächte schwer bewaffnet gegenüber. Nachdem sowohl die sowjetische als auch die amerikanische Seite knapp zwei Tage lang relativ hoch gepokert hatten, begannen die Sowjets am Morgen des 28. Oktober mit dem Abzug der Panzer, dem sich kurz darauf die US-Panzer anschlossen. Nach erfolgtem beiderseitigem Rückzug konnten darauf hin die West-Alliierten wieder frei und ohne Kontrollen den Ost-Berliner Sektor betreten.

US-Soldaten hinter einer Sandsackbarriere am Grenzübergang Checkpoint Charlie in der Friedrichstraße – 4. Dezember 1961.

Eskalation um die Wahrung der Hoheitsrechte der westlichen Alliierten, sowjetische Panzer mit abgedeckten Hoheitszeichen am Grenzübergang Friedrichstraße – Oktober 1961.

Eskalation um die Wahrung der Hoheitsrechte der westlichen Alliierten für ganz Berlin im Oktober 1961 am Grenzübergang Checkpoint Charlie in der Friedrichstraße, aufgefahrene Panzer der US-Armee – 28. Oktober 1961.

Aufgefahrene Panzer der US-Armee am Grenzübergang Checkpoint Charlie in der Friedrichstraße – Oktober 1961.

Grenzübergang Invalidenstraße, sowjetische Delegation auf dem Weg zur Kranzniederlegung am Sowjetischen Ehrenmal an der Straße des 17. Juni – 7. November 1961.

Grenzbahnhof Friedrichstraße, südliche Bahnsteighalle für die nach Westen fahrenden Fernzüge (Bahnsteig A) und die nach West-Berlin fahrenden S-Bahnzüge (Bahnsteig B), die durch eine Metallwand von dem Bahnsteig C, von dem nur die S-Bahnen nach Ost-Berlin fuhren, hermetisch abgeriegelt war – 1982.

West-Berliner Familien auf dem Weg zum Besuch bei Ost-Berliner Verwandten am Grenzübergang Oberbaumbrücke im Rahmen des österlichen Passierscheinabkommens – 19. April 1965.

Grenzkontrollpunkt Heerstraße, bis 31. Dezember 1987 Grenzübergang zur Transitstrecke nach Hamburg über die alte Fernstraße 5 durch die DDR – 8. Dezember 1987.

Die Grenze West-Berlins zum Brandenburger Umland

Unter dem Einfluss der vier Alliierten gab es in der Nachkriegszeit im Berliner Raum mehrere Grenzveränderungen, so den Austausch von West-Staaken gegen eine 172 Hektar große Fläche an der Weinmeisterhöhe, den so genannten „Seeburger Zipfel", wodurch die absurde Situation entstand, dass von der Ortschaft Staaken der geografisch östliche Teil zu West-Berlin und der geografisch westliche Teil zur DDR, dem Bezirk Potsdam, gehörte. Da die Grenze entlang des Finkenkruger Weges und des Nennhauser Dammes verlief, hatte dies zur Folge, dass etliche auf der Westseite der Straße stehende Gebäude, wie beispielsweise das Postamt, in den Folgejahren von den DDR-Grenztruppen abgerissen wurden.

Eine besonders extreme Situation entstand durch den Mauerbau an der Gutsstraße in Groß-Glienicke, wo die Grenze zwischen Ost und West mitten durch ein Bauerngehöft ging, was ein paar Jahre später zum Abriss der auf DDR-Gebiet befindlichen Gebäudeteile führte.

An der heutigen Osdorfer Straße 1, nahe der südlichen Berliner Stadtgrenze bei Lichterfelde Ost, erinnert neben einer einzigen erhaltenen Gutsscheune seit 2003 ein Erinnerungsstein an das ehemalige gleichnamige Dorf. Die Ortschaft Osdorf wurde in den sechziger Jahren für den Ausbau der Grenzsperranlagen geopfert und 1968 mit Ausnahme dieser Scheune, die dann von den DDR-Grenztruppen genutzt wurde, von sowjetischen Soldaten aus den Kasernen in Wünsdorf komplett geschleift.

Durch die von den Alliierten nach dem Zweiten Weltkrieg festgelegten Grenzen waren die im Brandenburger Umland liegenden, aber zu Berlin gehörenden Exklaven Steinstücken, Erlengrund und Fichtewiesen sowie die Fast-Exklave Eiskeller von ihren Bezirken Zehlendorf und Spandau abgeschnürt. Im Rahmen des Viermächteabkommens über Berlin von 1972 und der Vereinbarungen zwischen dem Senat von Berlin und der DDR-Regierung wurde ein befahrbarer Verbindungsweg zwischen dem Bezirk Spandau und dem Eiskeller geschaffen. Ein Gebietsaustausch zwischen der DDR und West-Berlin ermöglichte die Herstellung einer normalen, allerdings beidseitig von der Mauer umgebenen Verbindungsstraße von Zehlendorf zur Exklave Steinstücken.

Grenzzaun, Stacheldrahtverhaue und Sichtblenden an der Marienfelder Allee in Marienfelde zum DDR-Kreis Zossen – Oktober 1961.

Ost-Berliner Sperranlagen am Finkenkruger Weg im geteilten Ortsteil Staaken, im Vordergrund zwei West-Berliner Schutzpolizisten – 9. Januar 1962.

Unter Bewachung von DDR-Grenzpolizisten müssen Schüler die Kartoffelernte bei Osdorf im Sperrgebiet einbringen. Das gesamte Dorf und Gut Osdorf an der Grenze zu Lichterfelde Süd wurde 1968 von sowjetischen Soldaten geschleift – 5. Oktober 1962.

Ein britischer Panzerspähwagen gibt einem in der Fast-Exklave Eiskeller wohnenden Schuljungen Geleitschutz, da ihm die Benutzung des Weges nach Spandau nach dem 13. August 1961 von der DDR-Grenzpolizei verwehrt worden war – 24. August 1961.

Sperrmauer durch ein Bauerngehöft beim Gut Ritterfeld an der Gutsstraße am Groß-Glienicker See, in den Folgejahren wurden die Gebäude auf DDR-Gebiet von den Grenztruppen abgerissen (rechts von der Mauer) – Mai 1962.

Durch Stacheldrahtverhaue geschlossenes Haupttor des Jagdschlosses Glienicke (West-Berlin) zur Waldmüllerstraße in Klein-Glienicke (Bezirk Potsdam) – 6. Mai 1963.

Nach Inkrafttreten des Viermächteabkommens über Berlin von 1972 erfolgte u. a. auch ein Gebietsaustausch zwischen der DDR und West-Berlin, durch den die Schaffung einer normalen, allerdings beidseitig von der Sperrmauer umgebenen Verbindungsstraße von Zehlendorf zur Exklave Steinstücken möglich wurde; Eröffnung der Verbindungsstraße – 30. August 1972.

Verbindungsweg zwischen der Fast-Exklave Eiskeller und dem Spandauer Stadtforst für die westlichen Alliierten – 15. Februar 1972.

Austausch von Spionen und Dissidenten zwischen der Sowjetunion und der USA auf der Glienicker Brücke, der Grenze zwischen West-Berlin und Potsdam, in der Bildmitte hinter der Pkw-Tür der sowjetische Bürgerrechtler Anatolij Schtscharanskij und der amerikanische Botschafter Richard Burt (von links) – 11. Februar 1986.

Grenzverlauf bei der West-Berliner Exklave Erlengrund südlich von Nieder-Neuendorf auf DDR-Gebiet, Exklave Erlengrund rechts des Grenzstreifens an der Havel mit Zugang über den Kontrollstreifen zwischen Beobachtungsturm und Sperrmauer, links das Waldgebiet zur DDR gehörig – 22. Oktober 1976.

Sperranlagen zwischen Zehlendorf und Kleinmachnow an der Benschallee beim Bahnhof Düppel, von links Hinterlandmauer, Stacheldrahtzaun, Kolonnenweg, Beleuchtungsmasten, Wachturm, Kfz-Graben, Todesstreifen und Mauer zu West-Berlin – 1983.

Mauer-Graffiti und -Kunst

Nach Stacheldrahtzaun, Beton-Hohlblock-stein-Mauer und Betonplatten-Mauer folg-te Ende der siebziger Jahre die Mauer der „vierten Generation" aus senkrecht aufgestellten Winkelelementen aus Beton mit einem Rundrohraufsatz. Während die Vorstadien nur vereinzelte wilde schrift-liche Graffitiparolen aufwiesen, setzte mit der Spontibewegung und der Hausbeset-zerszene die wilde farbige Bemalung und „Tätowierung" der Mauer ein, deren penib-ler durchgehend weißer Anstrich durch die DDR-Grenztruppen die Poeten, Künstler und Sprayer-Szene noch zusätzlich ani-mierte und provozierte. Die Mauer wandel-te sich im Laufe der Jahre in ein Abbild und Stimmungsbarometer des opponierenden Zeitgeistes. Zugleich vermittelten viele der auf der Mauer verewigten Botschaften das sich mit den Jahren verändernde Verhält-nis der West-Berliner zu dieser städtebau-lichen Missgeburt. Am Bethaniendamm in Kreuzberg hatte jemand irgendwann an dieses Monstrum gesprüht: „Was guckt ihr so, habt ihr noch nie 'ne Mauer gesehen", womit vermutlich die nicht abreißende Schar der Mauertouristen aus der Bundes-republik und dem Ausland angesprochen werden sollte. Lew Nussberg, Begründer der Moskauer nonkonformistischen „Grup-pe Bewegung", war der erste Künstler, der 1982 von seinem Wohnort New York vor-schlug, die Mauer der „vierten Generation" durch die großen bedeutenden Maler aller Kontinente bemalen zu lassen, um auf diese Weise eine kilometerlange grandiose Kunstausstellung zu etablieren. Zwei Jahre später veranstaltete das Museum Haus am Checkpoint Charlie einen Ideenwettbewerb „Überwindung der Mauer durch Bemalung der Mauer", zu dem 288 Entwürfe aus dem In- und Ausland eingereicht wurden. Den ersten Preis vergab die Jury an den Maler und Graphiker Matthias Hohl-Stein, dem erst wenige Monate zuvor sein Aussied-lungsantrag von den DDR-Behörden geneh-migt worden war. Die prämierte Arbeit zeigte einen Angehörigen der DDR-Grenztruppen, der, wie bei einem Springreitturnier, auf einem Schimmel die Mauer von Ost- nach West-Berlin mit null Fehlern überspringt.

Nach dem 9. November 1989 machte die DDR-Exportfirma Limex Geschäfte mit der Mauer-Malerei. Sie begann mit dem Ver-kauf von Mauerteilen. Rund 100 Meter Mauer mit Malereien des Berliner Künst-lers Kiddy Citny verkaufte die Limex an das New Yorker Museum of Modern Art für 500.000 DM. Als Citny eine Beteiligung an dem Kaufpreis forderte, teilte ihm die Firma Limex mit, er solle froh sein, nicht wegen „Sachbeschädigung von Grenzanla-gen" belangt zu werden.

Graffiti und Malerei an der Sperrmauer am Bethaniendamm in Kreuzberg, im Hintergrund die St. Thomas-Kirche – Oktober 1984.

Graffiti und Malerei an der Mauer der „vierten Generation" an der Niederkirchnerstraße, im Hintergrund ehemaliger Preußischer Landtag, nach der Vereinigung Berliner Abgeordnetenhaus – Oktober 1984.

Bemalte Grenzmauer der „vierten Generation" am Bethaniendamm in Kreuzberg – 1986.

Maueröffnung und -abriss

Eher beiläufig teilte Politbüromitglied Günter Schabowski in seiner Eigenschaft als ZK-Sekretär für Informationswesen auf der Pressekonferenz des neuen Politbüros am 9. November 1989 auf die Frage eines italienischen Journalisten der Nachrichtenagentur ANSA die neue Reiseregelung mit, die der DDR-Ministerrat gerade beschlossen hatte, wonach „Privatreisen nach dem Ausland ohne Vorliegen von Voraussetzungen (Reiseanlässe und Verwandtschaftsverhältnisse) beantragt werden" konnten. Auch „ständige Ausreisen […] über alle Grenzübergangsstellen der DDR zur BRD bzw. zu Berlin (West)" sollten ermöglicht werden. Als ich die Meldungen hörte, war mein erster Gedanke, dass mein Bruder und seine Frau, aber auch meine Nichte und mein Neffe bald zu uns nach West-Berlin zu Besuch kommen könnten. Auch als Schabowski auf die gespannte Nachfrage eines Journalisten, ab wann die Regelung gelte, etwas zögerlich antwortete: „Wenn ich richtig informiert bin, nach meiner Kenntnis unverzüglich", glaubte ich noch nicht daran, dass noch in den Abendstunden dieses Tages die ersten Ost-Berliner über die innerstädtischen Grenzübergänge nach West-Berlin kommen würden. Die Grenzöffnung war vom DDR-Politbüro und Ministerrat in dieser Form weder geplant noch vorbereitet. Aber nach diesen Meldungen war die Mauer plötzlich eigentlich überflüssig geworden.

Dies sagten sich schon wenige Wochen später auch viele Souvenirjäger aus Ost und West-Berlin, als sie in den zwanziger Tagen des November 1989 begannen, sich Stücke von der ausgedienten Mauer herauszubrechen und zu sichern. Obwohl die Mauer im Bereich des Brandenburger Tores erst am 22. Dezember unter dem Beifall von zehntausenden Berlinern geöffnet wurde, waren die dort stehenden Mauerabschnitte besonders beliebt, wie die folgenden Aufnahmen dokumentieren. Bereits einen knappen Monat später war die Mauer dort „löchrig wie ein Schweizer Käse".

Während die Politiker in beiden deutschen Staaten bereits die Weichen für die Wiedervereinigung stellten, verlor die innerdeutsche Grenze und die Berliner Mauer binnen kurzem jegliche Bedeutung. Am 26. Juni 1990 befahl der letzte DDR-Verteidigungsminister Rainer Eppelmann die Einstellung aller Grenzkontrollen, und im September 1990, zwei Wochen vor der deutschen Einheit, wurden die DDR-Grenztruppen aufgelöst und die Reste in die Bundeswehr überführt. Bereits im Sommer 1990 hatte an der Bernauer Straße der planmäßige Abriss der Mauer begonnen.

Ost- und West-Berliner an der Mauer vor dem Brandenburger Tor nach der Öffnung der Grenze in der Nacht vom 9. zum 10. November 1989, auf der Mauer unbewaffnete DDR-Grenzsoldaten – 11. November 1989.

Ost- und West-Berliner feiern gemeinsam die Öffnung des neuen provisorischen Grenzübergangs für Fußgänger am Brandenburger Tor – 22. Dezember 1989.

Eröffnung des Grenzübergangs am Brandenburger Tor, vordere Reihe ab 2. von rechts: Bundesaußenminister Hans-Dietrich Genscher, Bundesminister Rudolf Seiters, der Präsident des Berliner Abgeordnetenhauses Jürgen Wohlrabe, 2. Reihe ab 4. von rechts, der FDP-Vorsitzende Otto Graf Lambsdorff, der CDU-Fraktionsvorsitzende des Abgeordnetenhauses Eberhard Diepgen, Bundesministerin Dorothee Wilms, der Regierende Bürgermeister Walter Momper und Bundeskanzler Helmut Kohl – 22. Dezember 1989.

Der provisorische Grenzübergang für Fußgänger am Brandenburger Tor – 12. Januar 1990.

„Mauerspecht" im Gespräch mit Grenzsoldaten der Nationalen Volksarmee an der Ebertstraße – 12. Januar 1990.

Landesarchiv Berlin

Das Landesarchiv Berlin unterstützt Bürgerinnen und Bürger bei der Beantwortung verschiedenster historischer, rechtlicher, wissenschaftlicher oder familienkundlicher Fragestellungen. Als zentrales Staatsarchiv des Landes Berlin ist es zuständig für die Sicherung, Erschließung und Bereitstellung des archivwürdigen Schriftgutes der Berliner Landesbehörden. Dazu zählen Akten, Urkunden, Karten, Pläne und maschinenlesbare Datenträger, die bei den Senats- und Bezirksverwaltungen sowie den nachgeordneten Einrichtungen entstanden sind. Des Weiteren übernimmt und sammelt das Landesarchiv Nachlässe und Personenfonds, Ansichten, Plakate, Fotografien, theater- und zeitgeschichtliche Unterlagen sowie Ton- und Filmmaterialien, sofern sie für die Geschichte Berlins von Bedeutung sind. Durch Publikationen, Ausstellungen und Veranstaltungen fördert das Landesarchiv das Verständnis für die Geschichte der Stadt.

Publikationen des Landesarchivs Berlin

Jubiläumsband erschienen:
Berlin in Geschichte und Gegenwart. 25. Jahrbuch des Landesarchivs Berlin 2006, hrsg. von Uwe Schaper, Berlin 2006
Aus dem Inhalt:

BERLIN
in Geschichte und Gegenwart

25. Jahrbuch des Landesarchivs Berlin · 2006

Aus dem Inhalt: Das Concert-Haus in der Leipziger Straße 48 · Preußische Theaterverordnungen · Der Zeitungsverleger Rudolf Mosse · Der Hahn-Jürgens-Block am Alexanderplatz · Die SA in Berlin-Brandenburg · Adolf Blumberg – Das Ende eines jüdischen Lebens · Verwaltung der Kriegssachschäden 1943–1945 · Der Theatermensch Boleslaw Barlog · Matthias Koeppels Bilderzyklus »Abschied der Moderne. Who's afraid of the Brandenburg Gate?« · Berlin-Chronik 2005 · Theaterpremieren 2005 · Jahresberichte 2004/2005 · Inhaltsübersicht 1982–2006

im Gebr. Mann Verlag · Berlin

ISBN 978-3-7861-2537-2
25,- Euro

– Eckart Bergmann: Das Concert-Haus in Berlin, Leipziger Straße 48.
– Nic Leonhardt: Im Bann der „Bühnengefahren". Preußische Theaterverordnungen zwischen Prävention und Subversion.
– Annette Thomas: Rudolf Mosse. Ein Medienzar im Kaiserreich und sein gesellschaftliches Umfeld.
– Volker Viergutz: Der Hahn-Jürgens-Block am Alexanderplatz. Zur Planungs- und Baugeschichte des Geländes vor dem Georgenkirchplatz.
– Bernhard Sauer: „Goebbels Rabauken". Zur Geschichte der SA in Berlin-Brandenburg.
– Helga Staudenraus: Adolf Blumberg (1876-1941). Das Ende eines jüdischen Lebens in Berlin. Aufzeichnungen des Journalisten und Publizisten Gerd Tolzien.
– Kerstin Bötticher: Die Verwaltung der Kriegssachschäden in der Reichshauptstadt Berlin 1943-1945.
– Dietrich Steinbeck: „Nennen Sie mich getrost einen ollen Striese". Zum 100. Geburtstag des Theatermenschen Boleslaw Barlog.
– Werner Breunig: Matthias Koeppels Bilderzyklus „Abschied der Moderne. Who's afraid of the Brandenburg Gate?"
– Werner Breunig: Berlin-Chronik 2005.
– Sabine Preuß: Das Theaterjahr 2005. Premieren der Berliner Bühnen.
– Volker Viergutz: Jahresberichte 2004/ 2005 des Landesarchivs Berlin.
– Inhaltsübersicht und Register der Jahrbücher 1982-2006.

Die Jahrbücher des Landesarchivs Berlin 1995 ff. sind noch über den Buchhandel erhältlich. Die komplette Inhaltsübersicht und das Register der Jahrbücher 1982-2006 ist auf der Web-Seite des Landesarchivs Berlin abrufbar. Schriftenreihe des Landesarchivs Berlin, hrsg. von Jürgen Wetzel, fortgef. von Klaus Dettmer bzw. Uwe Schaper:

Bd. 1
Teil I-IV, Das Landesarchiv Berlin und seine Bestände, bearb. von Heike Schroll und Regina Rousavy, Berlin 2003-2006.

Bd. 2
T. I und II, Die Sitzungsprotokolle des Magistrats der Stadt Berlin 1945/46, bearb. und eingel. von Dieter Hanauske, Berlin 1995 und 1999.

Bd. 3
Günther Schulz: Stadtpläne von Berlin 1652 bis 1920, Berlin 1998.

Bd. 4
Günther Schulz und Andreas Matschenz: Stadtpläne von Berlin 1652 bis 1920. Tafelband, Berlin 2002.

Bd. 5
Heike Schroll: Spurensicherung. Die Bestände des Stadtarchivs Berlin und ihr Schicksal durch den Zweiten Weltkrieg, Berlin 2000.

Bd. 6
Benedikt Goebel: Der Umbau Alt-Berlins zum modernen Stadtzentrum. Planungs-, Bau- und Besitzgeschichte des historischen Berliner Stadtkerns im 19. und 20. Jahrhundert, Berlin 2003.

Bd. 7
„Es wächst zusammen, was zusammen gehört". Beiträge zum wissenschaftlichen

ISBN 978-3-9803303-1-2
19,90,- Euro

Kolloquium zu Ehren von Jürgen Wetzel am 25. November 2003 im Landesarchiv Berlin, Berlin 2004.

Bd. 8
„Die gemeingefährlichen Bestrebungen der Sozialdemokratie", T. I: Die Berichte der Regierungspräsidenten über die sozialdemokratische Bewegung in den Regierungsbezirken Frankfurt/Oder und Potsdam während des Sozialistengesetzes 1878–1890, bearb. und eingel. von Beatrice Falk und Ingo Materna, Berlin 2005

Bd. 9
Die Vier Mächte in Berlin. Beiträge zur Politik der Alliierten in der besetzten Stadt, Berlin 2007.

Bd. 10
Stadtpläne von Berlin. Geschichte vermessen, bearb. von Andreas Matschenz, Berlin 2006.

Bd. 11
Polizeipräsidium Berlin. Politische Angelegenheiten 1809–1945. Sachthematisches Inventar, bearb. von Rudolf Knaack und Rita Stümper, Berlin 2007.

Landesarchiv Berlin
Eichborndamm 115-121
13403 Berlin-Reinickendorf

Telefon: (0 30) 9 02 64-0
Fax: (0 30) 9 02 64-201
Internet: www.landesarchiv-berlin.de
E-Mail: info@landesarchiv-berlin.de

BERLIN STORY VERLAG
Unter den Linden 40, 10117 Berlin

Wieland Giebel (Hg.)

BERLIN – DAMALS UND HEUTE

96 Seiten, 28 x 24 cm, Gebunden
19,80 Euro
ISBN 978-3-86368-028-2

Die Metamorphose einer Stadt:
Das alte Berlin wurde im Zweiten Weltkrieg weitgehend zerstört. Der großformatige Fotoband „Berlin – damals und heute" lädt Sie ein auf eine Zeitreise der besonderen Art: Tauchen Sie in die historische Stadt vor der Zerstörung ein – und heute, im neuen Berlin wieder auf!

Mehr als 40 bedeutende Berliner Orte und ihre Geschichte werden lebendig – fotografiert aus nahezu derselben Perspektive. Faszinierende, teils wenig bekannte Bilder zeigen das Gesicht der alten und der neuen Weltstadt. Alle Bilder mit Erläuterungen in vier Sprachen (deutsch, englisch, spanisch, italienisch).

WWW.BERLINSTORY-VERLAG.DE

BERLIN STORY VERLAG
Unter den Linden 40, 10117 Berlin

Peter Frischmuth

BERLIN KREUZBERG SO36

128 Seiten, 21 x 21 cm, Farb- und Schwarzweiß-fotografien, Gebunden
19,80 Euro
ISBN 978-3-86368-059-6

Eine Erfolgsgeschichte in der ganzen Welt: Peter Frischmuths beeindruckende Gegenüberstellung mit Bildern aus Berlin Kreuzberg SO 36 aus den Jahren 1982 und 2006 hat in den letzten Jahren eine großartige Reise um die Welt angetreten. Nach Ausstellungen in Deutschland und in 10 Städten Nordamerikas touren die Bilder nun durch Russland, China und Ecuador.
Der große Erfolg ist einfach zu erklären: Frischmuths Bilder ziehen den Betrachter geradezu magisch in die Zeit der Mauer zurück, nur um ihn auf der gegenüberliegenden Seite doch zu erlösen: Die Wunde ist geschlossen, die Mauer musste weg – und sie ist tatsächlich weg! Ein bewegendes Portrait des ehemaligen Frontbezirk des Westens, der ins Herz der Stadt zurückgekehrt ist.

WWW.BERLINSTORY-VERLAG.DE

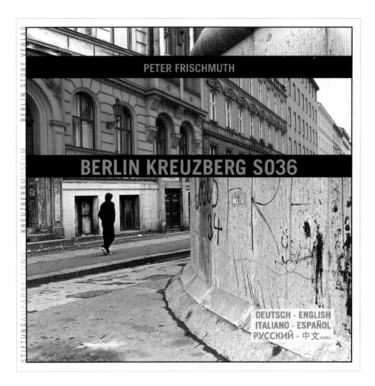

Bildnachweis:

Landesarchiv Berlin:
12 re, 40 re, 41, 76, 110 re; **Wolfgang Albrecht** 55, 74, 119, Rückseite;
H. Bier 60, 91, 108; **Dieter Breitenborn** 34, 98, 100; **Ludwig Ehlers** 9, 52,
62, 83, 89 li, 94, 120; **Max Jacoby** 54 re; **Edmund Kasperski** 77, 103, 121-
123; **H. Knöpel** 82; **Peter Kühnappel** 12 li, 80 li; **U. Kubisch** 102 li; **D. Lohse**
50, 72; **Ingeborg Lommatzsch** 115, 116; **Helga Mellmann** 44; **B. Röhl** 69;
Bert Sass 14 re, 20, 58, 66, 70, 90, 105, 106 li, 110 li; **Barbara Schneider**
113; **Günter Schneider** 63, 75; **Karl-Heinz Schubert** 22, 37, 51, 53, 54 li, 80
re, 84, 85, 92, 99, 102 re, 106 re, 112; **Gert Schütz** 14, 15, 40 li, 59, 93, 97;
Hans Seiler 23, 46, 73; **Horst Siegmann** 13, 18, 19, 21, 25-29, 31-33, 35,
38, 39, 47, 61, 67, 68, 87, 88, 107, 111, 117; **Johann Willa** 43, 45, 89 re,
95, 101, 109.